宋 歐陽修 宋祁 撰

新唐書

第七册

卷七〇上至卷七一上(表)

中華書局

唐書卷七十上

表第十上

宗室世系上

昔者周有天下，封國七十，而同姓居五十三焉，後世不以爲私也，蓋所以隆本支，崇屏衞。雖其弊也，以侵凌王室，有末大之患，然亦崇獎扶持，猶四百餘年而後亡，蓋其德與力皆不足矣，而其勢或然也。至漢鑒秦，務廣宗室，世其國地，不幸世絕若罪除，輒復續以存其祭祀，與爲長久之計，故自三代以來，獨漢爲長世。唐有天下三百年，子孫蕃衍，可謂盛矣！其初皆有封爵，至其世遠親盡，則各隨其人賢愚，遂與異姓之臣雜而仕宦，至或流落於民間，甚可歎也！然其疏戚遠近，源流所來，可以考見，作宗室世系表。

李氏出自嬴姓。帝顓頊高陽氏生大業，大業生女華，女華生皋陶〔一〕，字庭堅，爲堯大理。生益，益生恩成，歷虞、夏、商，世爲大理，以官命族爲理氏。至紂之時，理徵字德靈，爲翼隸中吳伯，以直道不容於紂，得罪而死。其妻陳國契和氏與子利貞逃難於伊侯之墟，食木子得全，遂改理爲李氏。利貞亦娶契和氏女，生昌祖，爲陳大夫，家于苦縣。生彤德，彤德曾孫碩宗，周康王賜采邑於苦縣。五世孫乾，字元果，爲周上御史大夫，娶益壽氏女嬰敷，生耳，字伯陽，一字聃，周平王時爲太史。其後有李宗，字尊祖，魏封於段，爲干木大夫。生同，爲趙大將軍。生兌，爲趙相。生躋，趙陽安君。二子：曰雲，曰恪。恪生洪，字道弘，秦太子太傅。生興族，字育神，一名汪，秦將軍。生曇，字貴遠，趙柏人侯，入秦爲御史大夫，葬柏人西。生四子：崇、辨、昭、璣。崇爲隴西房，璣爲趙郡房。崇字伯祐，隴西守、南鄭公。生二子：長曰平燕；次曰瑤，字內德，南郡守、狄道侯。生信，字有成，大將軍、隴西侯。生超，一名伉，字仁高，漢大將軍、漁陽太守。生二子：長曰元曠，侍中；次曰仲翔，河東太守、征西將軍，討叛羌于素昌，戰沒，贈太尉，葬隴西狄道東川，因家焉。生伯考，隴西、河東二郡太守。生尙，成紀令，因居成紀。弟向，范陽房始祖也。尙生廣，前將軍。二子：長曰當戶，生陵，字少卿，騎都尉；次曰敢，字幼卿，郎中令、關內侯。生禹，字子通。弟忠，頓丘房始祖也。禹生丞公，字丞公，河南太守。生先，字敬宗，蜀郡、北平太守。生長宗，字伯禮，漁陽丞。生君況，字叔干，一字子期，博士、議郎、太中大夫。生本，字上明，郎中、侍御史。生次公，字仲君，巴郡太守、西夷校尉。弟恬，渤海房始祖也。次公生軌，字文逸，魏臨淮太守、司農卿。弟潛，申公房始祖也。軌生隆，字彥緒，長安令、積弩將軍。生艾，字世績，晉驍騎將軍、魏郡太守。生雍，字儁熙，濟北、東莞二郡太守。生二子：長曰倫，丹楊房始祖也；次曰柔，字德遠，北地太守。雍孫蓋，安邑房始祖也。柔生弁，字季子，前涼張駿天水太守、武衞將軍、安西亭侯。生昶，字仲堅，涼太子侍講。生嵩，字玄盛，西涼武昭王、興聖皇帝。十子：譚、歆、讓、愔、恂、翻、豫、宏、眺、亮。愔，鎭遠將軍房始祖也。其曾孫系，平涼房始祖也。翻孫三人：曰丞，姑臧房始祖也，曰茂，燉煌房始祖也；曰沖，僕射房始祖也。曾孫曰成禮，絳郡房始祖也。豫玄孫曰剛，武陵房始祖也。歆字士業，西涼後主。八子：勗、紹、重耳、弘之、崇明、崇産、崇庸、崇祐。重耳字景順，以國亡奔宋，爲汝南太守。後魏克豫州，以地歸之，拜恆農太守，復爲宋將薛安都所陷，後魏安南將軍、豫州刺史。生獻祖宣皇帝熙，字孟良，後魏金門鎭將。生懿祖光皇帝，諱天賜，字德眞。三子：長曰起頭，長安侯，生達摩，後周羽林監、太子洗馬、長安縣伯，其後無聞；次曰太祖；次乞豆。

定州刺史房。

後魏定州開化郡公、
刺史乞豆。
後周秦河
渭三州刺
史貞。
襄公，後周濟南鼎公、尚輦直長
申、衛二州隆州刺史上善。
刺史懃。
士都〔二〕。
右衛將
軍延之。
自由。
西平王普嗣楚王靈嗣楚公、右右羽林
定。
夔，出繼智威衛將軍將軍承
雲〔三〕。
福。
況。
北平公世
武。
濟。
益府長史麟，相肅登封令
濬。
宗。
全。

郇國公洽。

乂羅。

滿才。

琮。

大理少卿直方。

君房。

太祖景皇帝虎，字文彬，後周柱國大將軍、唐國襄公。八子，長曰延伯，生於山東。其後太祖入關，延伯仕北齊爲散騎常侍。武德四年，追封南陽伯，附屬籍，貞觀初，罷之，與姑臧、絳郡、武陽公三房，號「四公子」房，至開元二十三年，復附屬籍。

南陽公房。

南陽公延伯。

隋廣平太守昭貴。

周南陽太守昭仲。

祕書丞元璋。

司駕員外郎朏。

監察御史晞。

譙王房。

譙王眞字長宣。

竟陵郡王道素，以雍王第五男詔子繼。

蔡王房。

蔡王岡〔四〕，周朔

西平懷王安，字玄德，

平原王瓊。

平原王崇嗣，丹冀貝

太常卿、蔡國公法祥。

州總管、相燕恆三州刺史、襄武縣公、			
隋右領軍大將軍、趙郡懷公、			
		霍山王璡。	襄武郡王琛，字惟寶，一字道恭。
三州刺史、宗正卿，諡曰懿。	嗣衛王保定，出繼玄霸。	霍山公洪嗣，以漢陽郡王瓌子繼，諡曰武。	襄公儉。
			裔孫太常卿居士。

河間元王孝恭。

蒲同絳陝幽夏六州刺史、益州長史、譙國公崇義。

襲譙國公、雙流令錫。

河西令尚昭。

丘。

襲譙國公、太子舍人冰。

宋王府司功參軍皎。

士衡，初名銳。

軫。

輪。

婺州長史涚。							
宗正丞士詹，初名寬。				和州刺史士英，初名容。			永康令士先，初名宏。
[illegible]。	嵒。	[illegible]。	嵑。	岌。	崟。	岑。	

	河南府法曹士淹，初名宰。					
越州參軍巖。	然。					
	保淋。	保榮。	太子通事舍人保眞。			
	漢和。		知朴。	可信。		光遠，初名可集。
			左金吾引駕押衙厚。		小老。	

								幽府錄事參軍	介。
						崗。	徽。	岸。	
					保昇。				
玄都。	可誠。	可立。	小都。	小休。					

西河丞士恭，初名宋。								
玉。								
疆。								
文春。					文芳。		溫州文學、奉禮郎文經。	
左武衛兵曹參軍撝。					播。	拒。	樂。	讓。
弘丕。	弘侍。	弘惠。	弘球。	弘抱。		弘晟。	仲瑄。	初遠。

岐王府參軍曖。											
		文明。						文絢。			
		友。	道湍。	道延。		道逾。	道遷。	道超。	統。	燮。	省。
	鈃。	琮。			理。	瓌。					

				尚範。	揚府戶曹參軍可道。				
復州刺史測。				浩。	翼城令汪。				
遇。	迴。	邁。	迪。		平。	茸。	聳。	覃。	宰。

少府監、右衞郎將，貶夏州司馬滲。					
諸暨令罕。	永新令雙。	宋州長史兼。			永王府參軍重。
		少戢。	少益。	少雅。	

						司勳員
吳興郡 司功參軍來。			綏山令摠。	福州戶曹參軍覃。	庶。	并。
少誠。	少諫。	永嘉監官諝。				

		尚且。			尚古。	延州刺史相如。尚賓。
外郎、延坊邠三州刺史，貶密州司馬濯、		仙鶴。	仙童。	仙芝。	濛陽太守頵。	
	渾。				將作監士則。	

簡如。

雅、信二州刺史鍨。

少府監岑。

太子詹事、右散騎常侍休古。

正平令復元。

太子司議郎茂郁。

宗正丞元。

宗正少卿通元。

五嶺租庸判官、蒙州刺史漳。

胙尉途。

開封令守一。

長垣主簿瑱。

		大理司直道元。		黃金令光元。	大理丞、湖陽令正元。
潁州錄事參軍鄄。	滎澤尉封。	郾城主簿鄲。	南頓尉郯。	陪位出身鄠。	陪位出身郜。
陪位出身瓘。	陪位出身瑕。				

			濟北郡王 瑊。			
	秋官尚書 崇晦。	岐州刺史 崇眞。	都水使者、左金吾衛大將軍儉。			
	嗣吳王榮。		植。			
			愿。			
			右金吾衛大將軍方叔。			
況。			莆田令 丹。			
自勗。			崇。	舜卿。		
大理丞陪位出 師全。			承誨。	仁景。		
身邠。			士元。	甫。	正白。	
			瓚。	琚。	玢。	昇。

											昂。
											平。
											勉。
											希。
										欣。	宗道。
											宗楊。
											宗元。
											宗善。
											宗閔。
											宗亮。
											宗魯。
											宗巖。

								襲濟北郡公、梓州刺史崇敬〔五〕。
								襲濟北郡公、太子中允孚。
								襲濟北郡公、須江令越客。
								太子家令炎。
				巖。				
				仁詡。				
款。	歆。			正輔。		正朴。	宣。	
宗禮。	宗古。	宗回。	宗何。	晃。	暈。			

	隴西郡公、青衢慈邢汝五州刺史、永王傅津客。
襲濟北郡公、衢黃二州刺史兼防禦使、興平軍節度使、御史中丞奐。	倉部員外郎憺。
	襲濟北郡公、北海令鈒。
	沂水令循。
	青州司法參軍爰。
	坊州錄事參軍各。
	陪位出身遜。

黄令慶。		陪位出身勍。
		陪位出身童。
	陪位出身沐。	
	陪位出身洞。	
	陪位出身洪。	
	陪位出身弘。	

陪位出身汝。	博興令元保。	陪位出身蒙。	元立。		
	陪位出身經。		陪位出身應。	陪位出身綜。	陪位出身周。

	千乘令敦禮。				
陪位出身鄴。	陪位出身邵。	陪位出身全。			
陪位出身榮。		陪位出身鐫。			
			陪位出身顯。	陪位出身方。	陪位出身換。

									吏部郎中直。	密州錄事參軍讓。	大理評事瑜。	中州錄事參軍晦。
												祕。
											光州司法參軍造。	登州參軍興。
											普州文學參軍項。	
											安州司馬勤。	徐州錄事參軍朗。

邵州長史、前司農卿鉊。			
御史中丞元亮。	大理司直兼監察御史元道。	盩厔尉元規。	右金吾兵曹參軍元會。

江陵府參軍元簡。	太原府參軍元舉。	太子文學元明。		
		太子賓客容。		
		詹事府丞涪。	郕城令湘。	孟州錄事參軍澤。
		陪位出身承遠。		承邁。

					漢陽王瓌。			
					兗州長史沖寂。	冬官尚書沖玄。		尚方監沖虛。
					隋州刺史銳。	祠部員外郎恆。	中部郡太守惇。	
		河南功	曹參軍	倫。				
		翼城令	巨濟。					
元衡。	元輔。	梓州司	士參軍	論。				
		通義令	孟。					
		襄陵主	簿瓌。					

濟南王哲，隋工部尚書、黃臺縣男〔六〕。順陽公瑋。

廬江王瑗。

襲濟南公思敬。

畢王房。

畢王璋，周永安壯王汴、梁二州刺史。

孝基。

嗣王道立，以雍王繪男韶亥子高平公繼。

蔡國公景愜。

畢國公景淑。

太子左贊善大夫孟康。

楚州刺史仲康。				睢陽郡太守少康。			
衢州司士參軍濤。				右僕射涵。			汧。
越州士曹參軍居介。	南陵尉居左。	譙尉居敬。	居易。	鮪。	鯤。	鰅。	

			子
			孫
		子	曾孫
	宗正少卿少連。	孫	五世
濃。		曾孫	六世
		五世	七世
		六世	八世
		殿中侍御史師素。	九世
			十世
			永和令知保。

雍王房。

雍王、隋江夏總管繪。	
長平王贄。	
淮陽王道玄。	淮陽王道明。

東平王韶。					
景融〔七〕。					
務該。					
思一。					
晉原尉炭。					
陝府左司馬荊，					
澄城主簿邠。	鹿城令激。	芮城尉放。	宗正少卿漢，字南紀。		滻字經野。
			峴。	瞻。	

		江夏王道宗，字承範，			
		盧國公、相州刺史景愰〔八〕。	子		
			孫		
			曾孫		
			洒。		宗正少卿況。
			戶部員外郎宗衡。		
洸字正武。	潘字子及。				
	炬字則中。	炯字著明。			

	廣寧公道興	博陵郡公道弼。	
潞城令景仁，字楚子。			
		御史中丞知柔。	刑部郎中知止。

郇王房。

郇王禕，隋武陵郡王、陳留太守、伯良、長平郡公。	

	長平肅王叔良。	郇國公孝協。	思愼。					
			思言。					
			思泰。					
			思本。					
			思莊。					
			夔州司功參軍思正。	蘭陵丞令望。	璪。			
					衆。			
					倫。			
			婺州刺史、襲郇國公思忠。	宣州士曹參軍建成。	泗水令峻崿。	奉先令如仙。	綿州刺史駢。	成都少尹寓。

阿端。

祁王傅、度支漁陽監事知隱。

銳。

邠州司法參軍臻。

南鄭令潛。

知章。

京兆少尹知義。

回，初名躔，相武宗。

滑州觀察巡官知柔。

								興平尉塤，字潛光。			
								山南東道節度掌書記篘，字禮符。	江陵令少微。		
								小駕。			
					清江。						
					萬倩。						
					高巖。						
					澄潭。						

	海州司倉參軍進成。		文水令遂成。		太子僕超成。	
芳苑。	冏。	固。	曹州士曹參軍明眞。	宜春令玄眞。	許州司馬澄眞。	
			朝仙。	文迪。	文昌。	壽州團練使文
						監察御史穆。
						臨濮令鎭。
						祕書少監中庸。

通，破蔡州有功，終遂州刺史。					
					隋縣令去惑，死王仙芝，贈隋州刺史。
	太府少卿元，				
	濤。		仲寶。	澣。	
	承確，	承休。	承端，	承績，	

阿圭。

權。

質。

業。

實。

耽。

櫝。

高卿。

華陽郡公、彭國昭公、魏州別駕

福道。

原州長史左武衛大

孝斌。

將軍思訓，

字建。

		揚州參軍思誨。			
儀王府司馬復道。	太原府倉曹直集賢院昭道。	林甫，相玄宗。			
		將作監岫。	司儲郎中諤。	太常少卿嶼。	武功令崒。

1	2	3	4	5	6	7
					中山郡王仲良。	季良。
					去病，以季良子繼。	
				林宗字直木。		
符寶郎嵸。						
宗正卿弘澤，字德潤。						
汴州參軍仁之。	昌圖。	虢州參軍損之。	常熟尉大雅。			

新興郡王德良。				
西陽郡公仁裕。			蓼國公仁敬。	都水使者仁方。
新興郡公、戶部尚書晉。		張掖郡公、水部郎中欽。		處淨。
宗正卿濟。				
左金吾衛大將軍通。	左金吾衛大將軍翰。			

長樂郡王上黨孝公

幼長。

矩。

大鄭王房。

鄭孝王亮，隋趙興太守、長社郡公。

淮南靖王神通〔九〕。

膠東郡公道彥。

辰錦觀察使昌峘。

荊南節度使、檢校工部尚書昌夔。

高密郡公孝睿。	淄川郡公孝同。 左衞將軍璲。 劍州長史廣業。 戶部尚書國貞，字南華。 錡。 師回。	蘄州刺史鎰。	鄠令豐士。	長安尉豐器。	右金吾將軍若銛。 京兆尹冰。

		徐州刺史璩。
	廣平郡公孝慈。	
	河間郡公孝本。	
	尚書左丞工部尚書孝友。	珍。
	清河郡公、汝州刺史孝節。 靈州都督項。	
		幽州都督琬。

鄭州刺史瑜。					
光祿卿昇。	武都郡公、吏部尙書暠。	太僕卿暈。			
遴。	起居舍人造。	太子少傅、鄭國公遵。			
		太常少卿謂，字伯英。	誦。	諲。	諤。

御史中丞、東畿採訪使遇。					絳州刺史、祕書監勛。
河東節度使說，字嚴甫。					眞宰。
太子通事舍人公敏。	靈鹽朔方節度使公度。	公輔。	千牛備身公佐。	公宥。	

兵部侍
郎進。
江西觀
察使少
和。

膠西郡公、襲公，南州
司農卿孝
義。
司馬瓛。
泗州刺史
孟嚳，字公
悅。
金州刺
史權。

清漳尉
衡。

檢校虞
部員外
郎兼侍
御史樞。

歙州別
駕軫。

渭南令萬鈞。房。					
	千鈞。				
磵字耀山。	磁字景山。	蟾，初名𥗉。	蚡字漢山。	蠙字懿川。	
			廷璧字冠祥。	昭裔字延誨。	昭業字延章。

宗正卿、大理評事良鈞。

太子賓客、隴西縣子翼，字則之。

陸渾尉正鈞。

執鈞。

仁鈞。

研，字次山。

礎。

昭圖，字延簪。

左千牛衞兵曹參軍巨鈞。

一子出身直鈞。

鹽州刺史弘農太守刑部尚書鄭滑節度使、檢校右僕射復。

孝銳。

璟。

齊物。

司農少卿條，字堅。

昌。

					梁郡公、給事中孝逸。
淮安忠公、宗正卿琇，字琇。					
陝王府戶曹參軍齊晏。	少府監齊古。	文部侍郎暐。	刑部侍郎曄。	符寶郎旰。	
		御史中丞汶。			

襄邑恭王神符。				
廣宗郡公仁鑒。	臨川郡公、刑部尚書德懋。			
	左衞將軍思齊。			
中書舍人獻。	鄜城令知賢。			
	司農卿，謚曰敬，模。			
	太子賓客、守散騎常侍詞。	將作監話。	明州刺史譖。	
	吏部郎中顗鈞。		左諫議大夫從規。	懷州刺史從矩。

檢校刑部郎中從毅，字仁卿。	興元節度使、檢校工部尚書從晦，字含章。		
竦，字特卿。	國子監主簿伸。	司農寺主簿俶。	擢，字大用。

			太常卿從乂。		
成都府參軍拙。	招。	尚書右丞擇，字仁表。	右拾遺濬沖。	檢校戶部員外郎濬源。	太子左庶子潤甫。
					左諫議大夫敬愉。
					試協律郎仁嶠。

				太子左贊善大夫從師。	江陵少尹從吉。
	大理司直敬悅。				
弘文館校書郎仁峻。	昌忠。	攝泉州衙推昌岳。	昌嶼。		
惟邈。		惟植。	梨。		

				廣川郡公義範。
				靈州刺史，襲廣川郡公暹。
				成紀令朝。
				尋陽丞儀。
			福建觀察使誨。	湖南觀察使、檢校右散
太子左庶子從方。	宗正少卿從貞。	咸陽縣尉、史館脩撰從實。		伊陽丞良史。

騎常侍叢。						常州刺史虆。
	國子廣文春秋博士彬。	湖州錄事參軍眞。				
		濟源尉虬。 弘乂，字大能。			文徽。	
			乾。	胤。		

魏國公、幽州大總管文暕。				
宗正卿佺。	挺。			
	太僕卿柏，字康幹。			
	鶴。		鴶。	太子少師鸛。
	長水令台。			禮部尚書、太子
	南陵令靡。	湖南觀察使兼御史大夫庾，字子虔。		湖南團練副使、
		衡州刺史延澤。		祕書省祕書郎

賓客分司東都。恬。						
檢校工部員外郎宗師。						嘉州刺史宗長。
瑄。	漳州刺史璟。					
	仁魯。				華州文學仁穎。	
	鐸。	錫。	叶。	準。		
				用霖。		

	鶉。	鴒。	鳩。	鶚。	滁州刺史鸕。	
					池州刺史倨。	程字表臣，相敬宗。
中牟令宗規。						武寧軍節度使、檢校工部尚書廓。
						濟。
						昌符字巖夢。

	華陽令庇。	太子中允慶。	祕書省祕書郎庠。	太子通事舍人廡。
萬年尉、直史館書，字貞耀。				

殿中丞，襲魏國公揵。					
虢州刺史堅。					
盛唐令鵬。					
石字中玉，相文宗。		太子太傅、同平章事福，字能之。			
奇。	贛。	太常卿就。	扶。	駕部郎中玩，字成璉。	監察御史暠。
		汴州法曹參軍彥孫。			昌素。
		正字佩。			

		懷州刺史翬。	
監察御史航，字殷用。	涪。	膳部郎中勍，字德勝。	太府卿槃。
			太常博士、宗正寺脩撰頡，字昭升。
	璩。		給事中元龜，字從吉。

文舉。		
安平公、國子祭酒仲思。	宗正少卿言思。	兵部郎中華。

代祖元皇帝諱昺，周安州總管、柱國大將軍、唐國仁公。四子：長曰高祖，次曰梁王澄，次曰蜀王湛，次曰漢王洪。

梁王房。

梁王澄。
彭城王士衍。
淄州刺史、陳國公玄

		江東郡王世證。	衡山郡王世訓。	宗正卿、隴西恭王博乂，以蜀王第二子繼。
同，以隴西王博乂第五子繼。	荊州司馬玄弁。			蒲州潼水師益。府折衝、陳留郡公懷仁。

			元蛬。	
			天益。	
			道益。	
		晉昌縣男懷節。	常州司馬、元益。	
			璥。	
			班。	
			倩。	
		蔣國公懷讓。	溫州刺史、貞。	
			質。	

			璩。			
			瑗。			
			瑾。			
			京兆尹愼名。	司門員外郎自下。		
			愼終。			

蜀王房，後爲渤海王房。

蜀王湛。	襄城王容兒。	懷眞，以隴西王博乂第二子繼。				
	左衞大將軍、渤海敬王奉慈。	眉州刺史義節。	瀛州司馬如珪。	益州戶曹參軍勻。	慶王府典庫牧。	江陵尉竟。

贊善大夫參。					
華原丞桐。		福建觀察使椅。			
大理評事元。	左羽林錄事參軍方。	信州刺史充。			
		承構。	南陽令承緒。	六局丞承規。	稷山尉承祚。

			黔州刺史樟。		梓州刺史季貞，初名栝。
長水令直。	京兆府戶曹參軍齊。	同州參軍、知海陵監允。	玄。	亮。	爽。

	宗正丞逢。					
	溫江令京。杞。					
商。		交。				
		遷。	唐興令繼。蜀。			
				臨邛尉署。	前宗正寺明經鯨。	陪位出身武。

陪位出身寔。

長。

及。

唐州刺史、袁州別駕常州別

朝晟。

隴西縣男冬日。

駕滲。

如玉。

朝式。

岐陽令

檮。

徐州司

馬棖。

					南陵令椯。	洵。				
						濛。				
						涓。				
				都水使者夏日。	澧陽令標。	江陵府士曹參軍朝相。				
						襄丘令朝盈。				
						寧州參軍橈。	鄭州刺史朝則。			
						商州別駕枵。	河中府戶曹參軍朝師。	授。		

								溶。			
								元樞。			
								洌。			
								徵。			
						杭州參軍朝英。					
						朝野。					
						猗氏令朝用。					
						朝汶。					
						朝衡。					
						徽。					
						徹。					

徐泗節度判官楓。					
揚府法曹參軍朝宗。					
亳州參軍偘。	寧化尉厚。			陽翟令何。	
吏部常選貞伯。	洪州參軍求中。	芮城尉惠伯。	申伯。	豐城丞景伯。	吏部常選佀。

								鄮尉宣伯。			
						義方。					
						穰尉朝諫。					
						朝清。					
						休甫。					
						朝興。					
						吉羅。					
						安悉。					
						竹箭。					
						朝威。					

					冀州別駕勉均。守一。
			太子通事舍人春日、		
	橦。	虞鄉丞縱。	坊州司法參軍檡。	棹。	左率府長史國寧。
膠，初名朝良。					江陵府功曹參軍系。

襄州司兵參軍國平。	京兆府法曹參軍國榮。	黔中觀察使國清。		
		東陽令弘周。季方。		渭南尉有方。
			安州刺史韶。	

成都府
司錄參
軍國英。

越州司漣水令
錄參軍岑。
勵均。

岌。

巖。

良原令助左金吾左監門承宗。
均。
衛大將衛率府
軍秉鴻兵曹參
臚卿禪軍維城。
徒。

左驍衛長史勸均。	無錫令勤均。					
	鳳州刺史信伯。					
	新津令稱。				稽。	臨汝尉穗。
	渠江令言思。	七盤令言中。	陪位出身言約。	東漢。		
	知遠。					

		延州別駕振。			
		浙西長史嗣金。			
順陽丞標。	盈川令杠。	壽州長史樛。			
	浦陽尉登。		玄武主簿秬。	汧源令稠。	陽陵令稹。
	平盧節度判官戡，字定臣。				
	審之。				

涇陽尉招。					
江陵錄事參軍纂。			猗氏令管。		
祐。	建。	佽。	隴州錄事參軍仵。	昭應令信。	
			吏部常選景之。	臨濟令建度。	
				中牟尉暀。	靈昌尉玄謀。

	左金吾衛大將軍、趙州刺史嗣璘。		
	諸暨尉橡。	南陽令橾。	濟王府戶曹參軍桲，初名樟。
郢州刺史、宗正少卿篆。			襄陽令繼祖。
管城尉某。			

		左率府郎將嗣琳。			都官郎中嗣瓖。	
栒。	檈。	司議郎相。	栝。	札。	宗正卿栻，初名橦。	
					宗正卿仍叔，字周美，初名章甫。	
					檢校水部員外郎彙嶺南節度副使焜。	潤州參軍暉。

				遂州司馬知本。	
				汾州長史守愼。	
				青州司倉參軍子房	延州司馬友諒。
			楣。	昇。	惠陵臺令晃。
					潞府士曹參軍審。
襄州支使絢，字繪老，初名弘本。	鄠尉弘文。	四會令弘略。			偃師尉江。
		主客郎中讓。			大牟令思文。
		延興，初名廷玉。			

察。					
			鄜州錄事參軍蒼梧。	涇王府功曹參軍從。	
	白馬令乃武。	洛交主簿弘度。	洛水主簿弘慶。		靈寶主簿思永。

閬中主簿弘恕，初名楚聞。	三泉令寧。			隋州錄事參軍、隋城令寂。
	難江主簿緒。	吏部常選纘。	襃城尉瑍。綱。	經。

	密令暵。		金華丞 昈。	徐州司戶參軍 昂。		
公贇。	玉城主簿公瑾。		垣尉渾。			
		烱。	炫。		吏部常選 紹。	沔陽尉禎顒。 絢。

			濡水令暐。	
陽翟尉公度。	汴州司倉參軍察，初名公器。	公選。	宋州參軍公倍。	安州倉曹、衡州錄事參軍公約。
	猱			沅江令蘊中。 克勤。

						左金吾倉曹參軍昉。
						穀城令從簡。
	饒州錄事參軍偒。	雩都主簿確。	雲夢令克讓。	導。	克章。	蒲圻丞必聞。
蘊達。						

				蔡州司戶參軍友貞。		
				定陵令晏。		
	從神。	金。	澧州司倉參軍公立。	恆王府參軍寔。	晉陽丞寬。	烏程令寵。
南陽尉貴。						

					景城縣男行褒。	餘福。	餘慶。
					代州都督、守忠。		國子祭酒、隴西郡王馬仙舟。
							壽王府司參軍元暹。
		昱。					滄州司戶益府司戶參軍日休。
宏。	容。	雍丘丞寂。	宇。	宙。			

	睦州長史兼家令琬。		金城令璹。		
華陽尉日就。	太子典膳郎闡。	新津令闞。	乾元丞日用。	翼城丞日成。	永王府參軍日知。

	晉州參軍璘。	嘉王府長史瓚。			
昭州刺史日敷。	日正。	汧原尉暹。	華陽令暄。		江陽令晤。
			況。	成都丞淮。	潤州別駕潔。
					綿州參軍同節。

	岐王府功曹參軍元邃。	左領軍長史元逞。		
成都司戶參軍璥。		青鄉令可瞻。		
支輔，以荊國公玢子繼。		潤州司戶參軍信。	吏部常選脩。	揚子丞像。

		圓滿。				渠州司馬洛。 賓積。	
		崇禮。	崇慕。				晉州司功可襲。 參軍常光。
黃州司馬可聞。	國子監丞可器。		懷州參軍易從。 儀。		脩。		
				敬從。			

					漢王洪。
				嗣沈黎侯長沙，出繼元景〔一〇〕。	巴陵郡王盤陁。
	尚輦奉御明遠。		殿中丞明哲。		
	睦州刺史無言。	無忝。		嗣荆王遜。	
可獻。		虞部郎中灞。			

校勘記

〔一〕帝顓頊高陽氏生大業大業生女華女華生皋陶　本書卷七一上宰相世系表裴氏下云：「大業生女華，女華生大費，大費生皋陶。」與此異。又按史記卷五秦本紀：「大業取少典之子曰女華，女華生大費。」則女華乃大業之妻，非其子。

〔二〕濟南鼎公隆州刺史士都　「士都」，本書卷七九及舊書卷六四楚王智雲傳作「世都」。

〔三〕嗣楚王靈夔出繼智雲　按本書卷七九及舊書卷六四楚王智雲傳及魯王靈夔傳，靈夔爲高祖之子，出繼智雲者乃濟南公世都子靈龜。

〔四〕蔡王冏　「冏」，本書卷七八及舊書卷六〇宗室傳幷作「蔚」。

〔五〕襄濟北郡公梓州刺史崇敬　合鈔列第四格，孚至炎亦遞移。

〔六〕濟南王哲隋工部尚書黃臺縣男　按本書卷七八長樂王幼良傳，哲爲蔡王蔚子，西平懷王安弟，則哲當與安同列。合鈔已改正。

〔七〕景融　按舊書卷一七一李漢傳，景融乃淮陽王道明之子，則應繫於道明之下，其子孫亦當從移。

〔八〕盧國公相州刺史景悞　糾謬卷六云：「畢王璋之曾孫亦有蔡國公景悞，此二人止是三從昆弟耳，無緣如此同名。」按本書卷七八及舊書卷六〇江夏王道宗傳云：子景恒，降封盧國公，相州刺史。此作「景悞」誤。

〔九〕淮南靖王神通　「南」，本書卷七八及舊書卷六〇宗室傳均作「安」。

〔一〇〕嗣沈黎侯長沙出繼元景　按本書卷七九荆王元景傳，長沙爲渤海王奉慈子，則長沙當低奉慈一格，其孫逖亦應遞移。

唐書卷七十下

表第十下

宗室世系下

高祖神堯大聖大光孝皇帝二十二子，分十五房：曰楚王智雲，曰荆王元景，曰徐王元禮，曰韓王元嘉，曰彭王元則，曰鄭王元懿，曰霍王元軌，曰虢王鳳，曰道王元慶，曰鄧王元裕，曰舒王元名，曰魯王靈夔，曰江王元祥，曰密王元曉，曰滕王元嬰。智雲、元景皆無後。

徐王房。

徐康王元禮。	淮南王茂。	嗣王、宗正員外卿璀。	嗣王、餘杭郡司馬延年。	嗣王、施州刺史諷。							

	淮南公蕃。		
	汝山公蓁。		

韓王房，建中元年詔改爲嗣鄆王房，懿宗即位，復舊。

韓王元嘉。	潁川郡公訓。		
	武陵郡王誼。	楚國公野。	
	黃國公譔。		
	上黨郡公諶。		
	嗣韓王、太僕卿訥。	嗣王叔璩。	嗣鄆王煒。

彭王房。

彭思王元則。
絢，以霍王元軌第五子繼。
志謙。
嗣王、左千牛衛將軍志暕。

小鄭王房，稱惠鄭王房。

鄭惠王元懿。
嗣王、遂州刺史璥。
嗣王、太子詹事希言。
贈左僕射太僕少卿、夷簡字易匡文。
察言。楚州別駕之，相憲宗。
自仙。

			陳留郡公、金州刺史、虞部郎中翻。			
夷亮。	夷則。	夷範。	宗冉。			
			濬。	給事中湯，字希仁。	深字希尙。	韶州刺史洎。
			令圖字德遠。			鏻。
						若愚。

樂安郡公珪。	呂國公。				
	嗣公玄言，以南海公璹第三子繼。				
		眉州刺史自昌。			
				宗閔字損之，相文宗。	
			桂管觀察使瓚，字公錫。	琨字希立。	
			欽說字巖卿。	銳字執聖。	鉊。
					承翰。

上庸郡公琰。	樂陵郡公球。	南海郡公瑎。	安德郡公琳。		
			嗣公、岐州刺史擇言，以南海公瑎次子繼。		
			勉字玄卿，相德宗。		
			纘。	縝。	緯。

	新平郡公遂。	邵陵郡公玠。
		左千衛將軍德言。
兵部員外郎約。		

霍王房。

霍王元軌。
江都郡王緒。
嗣王志順。
嗣王、左千牛員外將軍暉。

安定郡王純。	胙國公綽。	南陽公綱。	南昌郡公絢。	山陽郡公繹。
邵國公志直，以南陽郡公綱長子繼。	翼國公志廉，以南昌郡公絢長子繼。	襲公志悌。		

虢王房。

虢莊王鳳、	嗣王翼。	嗣王寓。		
	鄶國公顒。			
	定襄公、宣州刺史宏。	嗣虢王、祕書監邕。	嗣王、河南節度使巨。	嗣王、左金吾大將軍則之。
			豳國公、昭義軍節度使、檢校吏部尚書承昭，字承昭。	循王府長史宗之。
				太僕寺主簿徽。

楡次令應。

潤之。

東莞郡公濮陽郡王、
茂融。
宗正卿徹。

中山郡公襲公、宗正鄭州刺史密令承晧。
堯臣。
卿伯濬。
鞱。

燕郡公舜
臣。

道王房。

道孝王元
慶。
嗣王誘。

	東安郡公、壽州刺史詢。	嗣王、宗正卿徽。	嗣王、宗正卿鍊。	嗣王、京兆尹實。
	南康郡公諒。	嗣公崎。		
	信安郡公詡。			
	廣漢郡公謐。			
	鄱陽郡公謳。			
	數城郡公誕。	右千牛將軍岑。	嗣公雲。	兵部郎中洞清。

魯陽郡公譓。

修城郡公諜。

兵部尙鴻臚卿仁濟。

書辟彊，紹封。

元慶十一世孫。

匡遠字聖文。

允濟。

在愚字韜業。

鄧王房。

鄧康王元裕。

嗣王炅，以江王第五子繼。

舒王房，建中元年改爲嗣郢王房。

舒王元名。

豫章王亶。

嗣王、左威衛將軍津。

嗣王萬〔一〕。

嗣王藻。

鄅國公昭。

魯王房，寶應元年改爲嗣鄒王房。

魯王靈夔。

清河郡王誂。

范陽郡王、嗣王、宗正卿、左散騎常侍、侍讀道堅。

嗣鄒王、太僕卿宇〔三〕。

萃。

蔡國公道欽。

戴國公、宗正卿道邃。

江王房。

江安王元祥。

永嘉郡王晫。

武陽郡王、蓁。

復州刺史晈。

贈祕書監隴西郡公、洪州都督暖。

萬康。

左領軍衛大將軍、太常卿楚珪。

長史尙殷。

承光。

琱。

崇。

忠。

賢。

孝。

濟。

										尚炅。
環。	僕。									
	愈。						繼。	祚。		
	最。							呈。		
	兒。			勤。	須。	崇。		琀。		
	圜。	冬。	智。	相。	庫。	元譽。		寵。	勇。	
	滈。									

		奉天定難功臣、左武衛將軍鼂嵩。				
左驍衛翊府左郎將尚盈。	尚達。	左翊府中郎將尚春。				
太原府至節府折衝都尉日進。	闓。	善訓府左果毅都尉懷順。				
		禮。	箏。	鞠。	瑤。	時。
奈。						玩。
						闞。
						邦。

		奉天定難功臣、左金吾衞大將軍尚芬。			
右衞絳州新田府折衝都尉希悅。		右金吾衞翊府左郎將庭金。			庭芝。
翊。	詡。	引。		賁。	事。
顯。	省。	調。		坤。	珠。
蕤。	琚。	郁。	戀。	滕。	鞠。
愫。	岫。	陣。	卿。	認。	溫。

高。

育。

愼。

縦。

愈。

良。

仰。

壽王傅、浙江東道越福十二州招討海賊使嶷唐。

桂州長史尙儀。

紹宗。

左羽林大將軍、試鴻臚卿、隴西

興宗。

孝隨。

承霏。

縣男尙禄。											
		興昌。				中義。					
		謀。	律。	銳。			翔。	晦。	週。		
	承霄。		檢。	鄖。	約。	莆田尉逢。			孺。		
	因。		砮。	崑。	略。	郃。			威。	感。	鳳。
	泗。		玉。	皎武。	忍。	演。			餘。	護。	藹。

			試太僕卿尚鍠。			右驍衛翊府中郎將尚羲。	
			全交。	全立。	全經。	思勤。	試千牛衛長史思頡。
	筠。	璉。					
憧。							

							任國公昕。	義興郡公皓。
左驍衛翊府中郎將晶從〔三〕。								
江澄。	江清。	尚長。	丹州長	松府折衝都尉	尚容。	尚榮。		
			標。			浩然。		
			續。					
			彥。					
			師。					
			將。					

	廣平郡公昃。	嗣鄧王、右監門衛大將軍孝先。									
		信王傅繼先。	鳳翔少尹無諂。								
		澧國公、金吾衛軍繼宗。									
		中郎將繼賢。									
	鉅鹿郡公晃。	嗣江王、千牛將軍欽。									
	暹。										

密王房。

密貞王元曉。	
南安王穎。	亮。
嗣王勛。	嗣王曇。

滕王房。

滕王元嬰。		
薛國公脩琦。	長安公脩珌。	嗣滕王脩瑀。

	下邳公脩瑤。										
	蘭陵公脩璩。	金山公知禮。									
		昌寧公知節。									
	臨海公脩珍。										
	臨淮公脩琬。										
	脩頊。										
	脩玘。										
	脩琨。										

脩珽。	脩瑑。	脩琮。	脩琉。	脩理。	脩琈。	脩琚。	脩瑄。
							嗣滕王涉，本名茂宗。
							嗣王、殿中監湛然。

太宗文武大聖大廣孝皇帝十四子：長曰恆山愍王承乾，次曰楚王寬，出繼。次曰吳王恪，次曰濮王泰，次曰庶人祐，附濮王譜。次曰蜀王愔，次曰蔣王惲，次曰越王貞，次曰

高宗，次曰紀王慎，次曰江王囂，次曰代王簡，次曰趙王福，次曰曹王明。囂、簡、福皆附曹王譜。

恆山愍王房。

恆山愍王承乾。	郇國公象。	太子詹事玼。	宗正卿粹。	信州刺史伷。	
			尚書左丞廙。	邕管經略使兼御史中丞位。	孟輿。
					仲權。
					季謀。
		適之，相玄宗。	霄。		

鄂州別駕厥。		醫。
扶風郡太守昶。	旭。	

吳王房。

吳王恪。		
成王千里，初名仁。		朗陵王瑋。
太僕少卿、蔡國公灌。 天水郡王僖。		嗣王祚。
	右金吾衛將軍、郕國公峒。	

	淄、衡、宋、鄭、梁、幽六州刺史，贈吳王琨。						
廣漢王祓，本名瑜。	信安王禕。						
	越國公峘。	戶部侍郎嶧。	峴，相肅宗。	峽。	岧。	巒。	右千牛衛將軍崗。
			孝孫。				

							歸政郡王	璄。
畢國公禱。	褍。	嗣吳王祇。				[illegible]。	吳國公禬。	
		蘇、潁二州	刺史岵。	峼。	嗣王巘。			
					嗣王寅。			
					復。			

濮王房。

濮恭王泰。	
嗣王欣。	
嗣王嶠，初	名餘慶。
襄陽郡司	馬誠初。
鴻臚丞倚。	
自勤。	

					自建。						
					自順。						
					自誠。						
					自愔。						
			誠逸。								
			誠奢〔四〕。								
			誠惑。								
			誠惲。								
			誠超。								
			誠疑。								
			永興丞誠信。								
			滿。								

				蜀悼王愔。	
		新安郡王徽。		廣都王璹。	江陵郡公瑾。	房郢台三州刺史、嗣王璠。
何。	伺。				

蔣王房。

蔣王惲。	博陵王焯、

	嗣蔣王焯。	銑。									
			嗣王紹宗。	濟州司馬欽業。	吏部常選遏。	贊字子匡。					
				嗣王、左千牛衞將軍欽福。	頠。						
					顥。						
					頲。						
				濠州司馬欽鍔。	序。						
					廙。						
	蔡國公煜。	承業。									
		承嘉。									
		承胤。									

左武衛將軍、蔡國公之遠。 承祖。					
鄂州別駕			太子賓客之芳。		定陵令之芬。
岳州長史禴。			奉天皇帝廟丞佇。		
吏部常選驂。	吏部常選騎。	騄。	琄。	玠。	

同州別駕、成紀縣男之蕚。

忻王府司馬、清河縣男之蘭。

左清道率府兵曹參軍係。

項城令俟。

永城尉駉。

從質。

從師。

從古。

從父。

從衆。

					泗水公炯。	五原公遜。	六安公珙。	
							襄公、忠王府長史思絢。	
							襄公、殿中監恕。	都水監丞己。
			侈。	佚。				
澤州參軍紀。								
從素。	從魯。	從儉。						

		珍州司馬昌庭。承煦。			
			國芬。		
			國幹。		
	弋陽郡公煥。				
	建寧公休道。	中山王据，右衛長史繁。初名思順，齊昌。			
			宗正卿齊太常主簿珂。運，字仲達。贊，初名庠。		
					瑱。
				康。	
				庾。	

		九眞郡公發。	潯陽郡公爽。				
			襲公、右武衞將軍森，初名溫。				
	齊明。		鴻臚寺主簿盈。				
典膳丞贇。	廉。		監察御史裏行乘。				
			連江令羣。	湖城主簿皋。			七盤令早。
				處儀。	處脩。	處位。	處厚。

					硤石尉處約。平。						
					六合尉處仁。常。						
					玉城尉處讓。準。						
				宗正主簿譙尉聿。巖。							
					臨渙尉嗣宗。單。						
					茂宗。						
					元宗。						
					紹宗。						

			橋陵令羨。			杭州刺史太常寺協 構。
			萬州刺史元系。		餘姚令元隱。	律郎種。
峯。	芊。	牟。	萬州錄事參軍知至。		知則。	
			博雅。	興平丞博文。		

				常州司法希。參軍稅。							
					茂玄。						
					茂豪。						
					茂竟。						
				滁州司馬玄一。穰。							
				岳州司馬茂爽。稜。							
					渾。						
				錢塘丞程。	茂雍。						
					茂高。						

					茂元。						
				鄮丞稹。	茂文。						
					茂章。						
					茂奇。						
				吏部常選積。							
			亳州司戶參軍掄。	湖州參軍 稠。	絳。						
					純。						
					綬。						
				稱。	縉。						
					紳。						

				安州別駕括。					
		松滋尉縱。		申州刺史珽。					
稠。		元立。	元直。	越州兵曹參軍鼎。					
綽。	緯。			吏部常選承慶。			吏部常選承榮。		吏部常選承敍。
				寔。	寰。	宬。	寮。	審。	

吏部常選承義。

吏部常選承怡。

同州司兵參軍璘。

節愍廟令繁。

盧州司馬嘉興丞顏。揖。

績。

譯。

纁。

訊。

						安定郡公封。	
					尚衣奉御滔。		
						潁川郡伯椿，初名承恩。	
吏部常選顒。		義烏丞潁。				蜀州司兵參軍若愚。	太子文學若冰。
吏部常選續。	紳。	紘。	紵。	綱。			

蘄州刺史若水。		慶王府兵曹參軍若舊。				廣州司馬若思。	
太常寺協律郎雄。		義烏主簿廣。				某王府參軍卓。	
文力。	文方。	維寧。	維城。	維平。	維清。	仁忠。	仁志。

						咸寧郡公珪。	潁田郡公璋。
			盛王府參軍若虛。		延王府參軍若彥。		
		虔王府參軍準。	吏部常選摽。				
仁愿。	仁恕。		角。	房。			

	汝南郡公詧。	
	同安郡公游素。	
	眞安郡公游藝。	

越王房。

越敬王貞。	琅邪王沖。	汲。
	洽。	
	沈國公溫。	
	常山公淸。	

臨淮公珍	子。	規。
晉州參軍	銳。	
嗣越王	存紹。	

紀王房。

紀王愼。				
東平郡王	續。			
徐國公行	淹。			
兗州錄事	參軍毅。			
季隼。		王屋主簿季和。	武陟尉洒。	脩武尉汀。

							泗州長史溺。 毃。
	項城令平仲。	商州錄事參軍方叔。	鄧州參軍成季。	穀熟尉幼直。			
讓。				王屋主簿少和。	準。	行餘。	
				仁範。			

弁。

弇。

羿。

義陽郡王行遠。

琮。

行芳。

鄧國公、汝寧州刺史大理丞較。

州刺史行狣。

休。

新平令輨。

西河令軺。

高平令

季眞。

	曹州別駕 兢。			狄道縣男、 宗正少卿 睍。	
	成都府士曹參軍輹。	右率府兵曹參軍轄。	吏部常選輪。	猗氏丞耕。	陝令輯。
遂平令君儒。					

				漳州刺史輌。							
				左率府兵曹參軍較。							
				虞鄉尉轅。	黃。						
					宗儒。						
					劍南效職章章。						
					瓘。						
				江陽令轗。	宗儀。	興子。					
						阿神。					

					樂安縣公、衡州別駕愻。
太原府司錄參軍愿。	陽翟令宗本。	譙尉應。	阿師。	諸暨尉李五。	

丹楊郡公、襄公、汴州均州刺史陝府兵曹文舉。

宋州刺史節度使行洧。參軍審。

莊。禕。

晉州參軍榮子。

譙丞衢，以姉壻崔敵諫子繼。

萬泉令立言。

同州司馬文通。元立。

永樂令寂。敦敍。元度。

				汾州司戶參軍亨。	撫州別駕良。
扶風令宙。	潞州錄事參軍宁。				長社令寮。
盧州司倉參軍老老。	朗山令文貞。	蒲圻令文亮。	安吉主簿文約。		
			阿蕩。		

峴山令宗。						
吏部常選惎。	餘姚令悰。	富陽令某。		江夏令恤。		武昌尉惟。
觀主。	少矜。	雷澤令少微。		餘姚主簿少眞。	舒州參軍崟。	唐興主簿少康。
		阿叔。	阿老。			

		當塗令寘。	亳州司兵參軍豐。			烏程尉寔。
			悅。	博昌尉愜。	魚臺主簿悚。	永新令阿巖。 悰。
台州押衙少毅。	少贊。					

盩厔令汴。			綿、蜀等州刺史漸。		襲丹楊公、桂府都督良〔五〕。
黃巖令爽。			犀浦尉晟。		
常州司兵參軍悛。	鄒尉文質。	餘姚尉讓。	巂州刺史重。	垂。	

楚國公、江王友叡。	襄陽郡公、博州別駕秀。	廣化郡公、梁王友獻。	建平郡公、趙王府司馬欽。	隴西郡公、都官郎中曠。
				淄州刺史行淳。
				安邑尉調。

			常州司兵參軍元輔。				吏部常選元弼。
荊南、揚子兩稅使判官詢。			顓。	頊。	頡。	頠。	顒。
吉州文學公度。	容府經略推官慶之。						
	鐇。	鏚。					

		復州刺史行肅。		襲隴西郡公、宣歙觀察使行穆，
頤。	頠。	美原尉某，	武德令謨。	義烏令詷。
				太常寺奉禮郎元裕，
				左押衙、當塗鎮遏使，兼知縣事、檢校右僕射廷彥。
				南陵鎮縣事、檢校刑部尚書用休。
				宣州衙前虞候法師。

	金州刺史行正。				譙郡司戶參軍行謙。
	泗州司馬諶。	華州司功參軍記。	衞南尉迪。	寧陵尉迥。	鄂州司馬諸。
					吏部常選德宣。
左軍衞前總管三奇。					

嗣紀王、定州刺史澄，初名鐵誠。				
嗣王、信王府長史行同。	嗣紀王、光祿少卿行周。	端王府司馬行用。	襄王府司馬行冏。	嘉州刺史行岡。
				廣都令翃、

嗣紀王、資州司馬建。

德陽尉翃。

錦州錄事參軍翊。

曹王房。

趙王福。

贈建平王胤。

嗣趙王穆。

嗣王思順，以蔣王惲孫繼。

		曹恭王明。					
信都郡公澤。	邯鄲公恭。	零陵王俊。	黎國公傑。				
			嗣曹王胤。				
			嗣王、右衞率府中郎將戢。				
			嗣成王、江南東道節度使、戶部尚書皋，字子蘭。				
			左金吾衞將軍道古。				安南都護象古。
			紘。	綽。	紹。	綰。	

	价。	嗣曹王、衛尉少卿同正員備。		右武衛大將軍偲。					
	濟國公臻。			昌。					
				訓。					
				挺。					
復古。				宗。					
				長江令晊。 瑜。					
				載椿。					壽椿。
				宣。					賓。
				丕。	汶。			琛。	璿。
				瑍。	遊弈使亞夫。	玘。	瑋。		

	昵。										
	晟。										
	進玉。				宧。						
	塘。				伯昀。		玩。				璝。
承義。	晁。	可朋。	可同。	可圍。	可周。	敬怡。	錆。	金。	高。	穩。	言。

						晟。					
翊。						竚。					
遠。					珍。	璿。	嶒。	嶕。			
神睿。	懷信。	正信。	宥信。	忠信。	景信。	周。			晃。	承禮。	晏。

										達。	
									戕。	巖。	
										崇。	蓬。
										嶠。	元順。
											元頡。
										崧。	承祐。
											畱。
											居靜。
										耑。	歸漢。
							暕。	承光。	叔殷。	諷。	延珠。
										懷謙。	權。
											樞。

								叔毅。	匡緒。	孺臣。
									匡譯。	
									匡友。	延族。
										延賓。
									匡業。	延誨。
									匡賓。	礭。
										紹。
										蘊。
								叔徽。	藂。	行昭。
									匡遠。	
									椽。	行偉。
								叔徽。	球。	

										璜。	
							曙。	玔。			
								璠。	恪。	珪。	
									悅。		
									惶。		
								璹。	從道。		
								玹。	玫。	摽。	式。
							映。				
							晴。	賽。	玎。	饒。	太祁。
											太郃。
										餕。	太郢。
									玕。		太邡。

		太邵。
		太郤。
	餉。	太鄗。
強。		
琉。	餗。	太靜。
		太酆。
	味言。	
	味餘。	太郎。
		太邢。
		太鄺。
珸。	餇。	
瓘。	鎌。	

高宗天皇大聖大弘孝皇帝八子。

燕王房。

燕王忠。	

澤王房。

澤王上金。	長平王義瑜。
	義璡。
	義琛。
	義珍。
	義現。
	義璋。

義玫。

義珪。

嗣信王義嗣王、守光嗣王潤。

珣。

祿卿漶。

許王房。

許王素節。

琪。

瑛。

珇。

琬。

璳。

瑒。

瑗。

	琛。		
	唐臣。		
	中山郡王琳。	靈昌太守、夔國公隨。	庫部員外郎俠。
	嗣許王、祕書監瓘。	嗣王、宗正少卿解。	嗣王、殿中監昭。
	嗣澤王璆。	郢國公、梓州刺史謙。	
		汝南公、兵部郎中巽。	
		益。	
	巴國公欽古。	襲公賁。	

大邠章懷太子房。

章懷太子賢。					
義豐王光順，	邠王守禮，				
	廣武王承宏。	祕書少監承騫。	嗣邠王承寧。	燉煌王承寀。	儀王司馬承宥。
			嗣王謂。		

梁王諮議參軍承寰。	梁王諮議參軍承寔。	豐王友承害。	豐王友承實。	信王諮議參軍承賓。	信王諮議參軍承宧。

延王友承寓。	延王友承容。	榮王諮議參軍承突。	榮王諮議參軍承壐。	永王友承夼。	永王友承窵。

		濟王諮議參軍承雋。									
		濟王諮議參軍承奐。									
	永安郡王、贈畢王守義。										

中宗大和大聖大昭孝皇帝四子。

湖陽郡王房。

節愍太子重俊。	湖陽郡王宗暉。										

睿宗玄眞大聖大興孝皇帝六子。

讓皇帝房，亦曰寧王房。

讓皇帝憲。	汝陽王璡，初名嗣恭，又名淳。	隴西縣男、劍州刺史椿。
		頓丘縣子、睦州別駕櫾。
		燉煌縣子、泰陵令榧。

天水縣男、朗州別駕稻。	宗正少卿杙。	栝。	范陽縣男枵。	弘農令梗、	楓。	上邽縣男、富平令子聞禮。太原少尹昱。樞。

	黝令子稱。		太子中允子誼。		
嗣寧王、邠寧節度使存禮。	居禮。	三水令全禮。	左武衛將軍傅禮。	隴西郡公、靈武節度使玄禮。	
				光祿寺丞光符、	檢校祠部員外郎光啓。

隴西縣男、檢校吏部尚書光碩，初名濆。	橋陵臺令濟。						
	傳裔。						
	守琮。						
	文著。	文蔚。	文郁。	守端。			
				友澤。			友諒。
				誥。	謀。	詠。	諟。

		濟陽郡王嗣莊。	嗣寧王琳。			潁川郡公珣。
			鴻臚卿栩。	嗣寧王、宗正卿欐。		
				嗣王子潄。	嗣寧王、太僕卿子鴻。	
	彭原令恭禮。				嗣王、太子家令平原。	
					嗣王、祕書少監潁。	
演。						

晉昌郡公珽。	魏郡公琯。	蒼梧郡公玠。			
		杞，以晉昌公珽第五子繼。			
			嶺南節度使從易。		濠、復等州刺史從簡。
			榮州刺史弘度。	蓬、劍、滁、光等州刺史弘毅。	

文安郡公瓘。	漢中郡王楀。			
	瑀。	太常博士、諫議大夫圻字夾山。		
		太子中舍景儉。		
		人梢。	堪字勝之。	散騎常侍景儒。

江州刺史喬字平叔。景信。	容管經略使、左庶子景仁。

惠莊太子房，亦曰申王房。

惠莊太子撝。	
嗣申王珣，初名嗣英，以讓皇帝第六子繼	嗣王璹，以珣兄繼，
	構。
	嗣申王、陝州左司馬師貞。

左散騎常侍秘。					
贈諫議大夫祐。					
鳳、齊、乾、婺、安五州刺史弘讓。	左贊善大夫允方。	涇原節度副使仲方。	醴泉令元方。		光祿少卿敬立。
		戴。	恕。	佺。	

贈國子司業楨。		振。
嘉、衡二州刺史翻。	扶溝令承方。	
太原少尹儋。泳。	嗣申王鋭。	

惠文太子房，亦曰岐王房。

惠文太子範。		
河東郡王瑾。	河西郡王玠。	嗣岐王珍，以惠宣太子子繼。
		嗣王逸。
		嗣王愈。
		嗣王雲翰。

惠宣太子房，亦曰薛王房。

惠宣太子業。	樂安郡王瑗。		
	滎陽郡王瑒。	絳州長史迥。	
		逷。	
	嗣薛王瑁。		
	嗣王邃。	嗣王宓。	嗣王知柔，相昭宗。
	特進璨。		
	特進璩。		
	琛。		

璪。	琇。	瓊。
	逢。	

玄宗至道大聖大明孝皇帝二十三子。自玄宗以後，諸王不出閣，不分房，子孫闕而不見。

奉天皇帝琮。	廢太子瑛。
嗣慶王倓，以廢太子瑛第三子繼。	新平郡王儼，字伯莊。

	平原郡王仲。										
	倖。										
	鄭國公儆。										
	韓國公、太僕卿備。										
	太僕卿倫。										
棣王琰。	汝南郡王僎。										
	宜都郡王僑。										
	濟南郡王俊。										

	順化郡王倰。
	衛尉卿儆。
	太僕卿僚。
	國子祭酒俠。
	殿中監仁。
	祕書監僾。
鄂王璠。	
靜恭太子琬。	濟陰郡王備。
	北平郡王偕。

	陳留郡王倩。									
	衛尉卿傆。									
	祕書監僓。									
	鴻臚卿佩。									
	文安郡王像。									
光王琚。										
儀王璲。	嗣王俓。									
	臨川郡王侁。									
	廣陵郡王鏈。									

	潁王璬。				永王璘。			
虢國公供。	滎陽郡王伸。	高邑郡王僝。	楚國公俔。	夔國公儋。	襄城郡王偒。	餘姚郡王僙。	莒國公偵。	郕國公僎。

	國子祭酒伶。										
	國子祭酒儀。										
壽王瑁。	德陽郡王僾。										
	濟陽郡王伓。										
	廣陽郡王倶。										
	薛國公伉。										
	滕國公侑。										

		延王玢。					盛王琦。
國子祭酒傑。		彭城郡王倬。	平陽郡王侹。	魯國公倞。	荊國公偃。	太僕卿佐。	眞定郡王儹。
	嗣壽王存志。						

			濟王環。				信王珵。
信都郡王佩。	徐國公俗。	許國公係。	永嘉郡王傃。	平樂郡王俛。	沛國公佴。	蘄國公俸。	新安郡王佟。

					義王玼。			
晉陵郡王倜。	吳國公保。	越國公伋。	都國公儔。		武陽郡王儀。	高密郡王僇。	曹國公佳。	魏國公偺。
				嗣信王林。				

陳王珪。						
安南郡王倫。	臨淮郡王佗。	安陽郡王佼。	祕書監仿。	代國公俘。	宣城郡王儼。	贈太常卿倪。

豐王珙。				恆王瑱。	涼王璿。		
齊安郡王佻。	宜春郡王佃。	鄅國公佽。	江國公侚。		瀘陽郡王仂。	安定郡王仕。	蒲國公侶。

	鄭國公侳。
嗣涼王賓 雅。	

肅宗文明武德大聖大宣孝皇帝十四子。

越王係。		
武威郡王 建。	興道郡王 逌。	延德郡王 䢔〔六〕。

承天皇帝 倓。	彭王僅。	兖王僩。	涇王侹。	襄王僙。	
	常山郡王 鎮。		延德郡王 逌。	伊吾郡王 宣。	樂安郡王 宋。

杞王倕。

同昌郡王踺。

邵王偲。

代宗睿文孝武皇帝二十子。

昭靖太子邈。

舒王誼。

寧塞郡王、太僕卿涉。

淸河郡王、太府卿汭。

靈溪郡王詠。

睦王述。	恭化郡王謂。
	洪源郡王、太常卿諷。
丹王逾。	寧朔郡王、宗正卿訪。
恩王連。	景城郡王、大理卿誨。
韓王迥。	安康郡王諸。
簡王遘。	恩平郡王、司農卿証。
益王迺。	

隋王迅。	
忻王造。	武威郡王、太府卿諸。
韶王暹。	晉昌郡王、鴻臚卿謝。
嘉王運。	新安郡王、太僕卿訢。
端王遇。	新興郡王、衞尉卿誠。
循王遹。	平樂郡王、光祿卿護。
恭王通。	
原王逵。	

雅王逸。	
蜀王遡。	

德宗神武孝文皇帝十一子。

通王諶。	山陽郡王縅。
虔王諒。	
資王謙。	
昭王誠。	
欽王諤。	
珍王誠。	

順宗至德弘道大聖大安孝皇帝二十二子。

郯王經。	東平郡王恪。
均王緯。	
漵王縱。	清河郡王懷。
莒王紓。	內黃郡王悺。
密王綢。	
郇王總。	
邵王約。	

宋王結。	
集王紬。	
冀王綠。	
和王綺。	
衡王絢。	
欽王績。	
會王纁。	
福王綰。	高陽郡王愼。
珍王繕。	
撫王紘。	中山郡王悵。

岳王緄。	
袁王紳。	安善郡王僅。
桂王綸。	
翼王繟。	上谷郡王憸。
蘄王緝。	

憲宗昭文章武大聖至神孝皇帝二十子。

惠昭皇太子寧。	
澧王惲。	東陽郡王漢。

	安陸郡王源
	臨川郡王演。
深王悰。	河內郡王潭。
	吳興郡王淑。
洋王忻。	潁川郡王沛。
絳王悟。	新安郡王洙。

	高平郡王滂。
建王恪	
鄜王憬。	平陽郡王溥。
瓊王悅。	河間郡王津。
沔王恂。	晉陵郡王瀛。
婺王懌。	新平郡王淸。
茂王愔。	武功郡王潓。

淄王協。	許昌郡王滐。
	馮翊郡王滋。
衢王憺。	晉平郡王涉。
澶王忱。	鴈門郡王濘。
棣王惴。	
彭王惕。	
信王憻。	
榮王憒。	嗣王令平。

穆宗睿聖文惠孝皇帝五子。

懷懿太子湊。	
安王溶。	

敬宗睿武昭愍孝皇帝五子。

悼懷太子普。	
梁王休復。	
襄王執中。	

紀王言揚。

陳王成美。

文宗元聖昭獻孝皇帝二子。

莊恪太子永。

蔣王宗儉。

武宗至道昭肅孝皇帝五子。

杞王峻。

益王峴。

兗王岐。

德王嶧。

昌王嵯。

宣宗元聖至明成武獻文睿知章仁神德懿道大孝皇帝十一子。

靖懷太子渼。

雅王涇。

衛王灌。

夔王滋。

慶王沂。

濮王澤。

懷王洽。
鄂王潤。
昭王汭。
康王汶。
廣王澭。

懿宗昭聖恭惠孝皇帝八子。

魏王佾。
涼王侹。
蜀王佶。
威王偘。
吉王保。

恭哀太子倚。

僖宗聖神聰睿仁哲明孝皇帝二子。

建王震。

益王陞。

昭宗聖文睿德光武弘孝皇帝十七子。

德王裕。

棣王祤。

虔王禊。
沂王禋。
遂王禕。
景王祕。
祁王祺。
雅王禛。
瓊王祥。
端王禎。
豐王祁。
和王福。
登王禧。
嘉王祜。

潁王褆。	
蔡王祐。	

宗室四十一房：一曰定州刺史，二曰南陽公，三曰譙王，四曰蔡王，五曰畢王，六曰雍王，七曰郇王，八曰大鄭王，九曰蜀王，十曰巢王，十一曰大楚王，十二曰荊王，十三曰徐王，十四曰韓王，十五曰彭王，十六曰小鄭王，十七曰霍王，十八曰虢王，十九曰道王，二十曰鄧王，二十一曰舒王，二十二曰魯王，二十三曰江王，二十四曰密王，二十五曰滕王，二十六曰恆山王，二十七曰吳王，二十八曰濮王，二十九曰蔣王，三十曰越王，三十一曰紀王，三十二曰曹王，三十三曰澤王，三十四曰章懷太子，三十五曰湖陽郡王，三十六曰讓皇帝，三十七曰惠莊太子，三十八曰惠文太子，三十九曰惠宣太子，蜀王房又有隴西、渤海二房附見其譜，定著三十九房。終唐之世，有宰相十一人。郇王房有林甫、回；鄭王房有程、石、福；小鄭王房有勉、夷簡、宗閔；恆山王房有適之；吳王房有峴；惠宣太子房有知柔。

校勘記

〔一〕嗣王萬　按本書卷七九及舊書卷六四舒王元名傳，萬爲津子，不應空格，疑有誤。

〔二〕嗣鄧王太僕卿宇　「宇」，本書卷七九及舊書卷六四魯王靈夔傳並作「宇」。

〔三〕左驍衛翊府中郎將鼂從　合鈔列第五格，與鼂嵩、鼂唐同班，其子孫亦遞升。

〔四〕誠奢　此下次第，十行本爲誠惑、誠平、誠惲、誠超、誠疑，汲、殿、局本爲誠惲、誠超、誠平、誠惑、誠疑，並多「誠平」。

〔五〕驤丹楊公桂府都督良　合鈔沈炳震案：「上撫州別駕名良，不應兄弟同名，疑有誤。」

〔六〕延德郡王湆　按下文涇王侹子亦爲「延德郡王湆」，從兄弟不當同名同封。查本書卷八二十一宗諸子傳，越王係三子：「建王武威郡，湆與道，逾齊國公。」無「延德郡王湆」。此疑爲誤書。

唐書卷七十一上

表第十一上

宰相世系一上

唐爲國久，傳世多，而諸臣亦各修其家法，務以門族相高。其材子賢孫不殞其世德，或父子相繼居相位，或累數世而屢顯，或終唐之世不絕。嗚呼，其亦盛矣！然其所以盛衰者，雖由功德薄厚，亦在其子孫。作宰相世系表。

裴氏出自風姓。顓頊裔孫大業生女華，女華生大費，大費生臯陶，臯陶生伯益〔一〕，賜姓嬴氏。生大廉，大廉五世孫曰仲衍，仲衍四世孫曰軒，軒生潏，潏生飛廉，飛廉生惡來，惡來生女防，女防生旁臯，旁臯生太几，太几生大駱，大駱生非子，周孝王使養馬汧、渭之間，以馬蕃息，封之於秦爲附庸，使續嬴氏，號曰秦嬴。非子之支孫封𨛬鄉，因以爲氏，今聞喜𨛬城是也。六世孫陵，當周僖王之時封爲解邑君，乃去「邑」從「衣」爲裴。裴，衣長貌。一云晉平公封顓頊之孫鍼於周川之裴中，號裴君，疑不可辨。陵裔孫蓋，漢水衡都尉、侍中，九世孫燉煌太守遵，自雲中從光武平隴、蜀，徙居河東安邑，安、順之際徙聞喜。曾孫曄，并州刺史、度遼將軍。子茂字巨光，靈帝時歷郡守、尚書，率諸將討李傕有功，封陽吉平侯。三子：潛、徽、輯。

西眷裴出自陽吉平侯茂長子徽〔三〕，字文秀，魏冀州刺史、蘭陵武公，以其子孫多仕西涼者，故號西眷。四子：黎、康、楷、綽。黎字伯宗，一名演，游擊將軍、祕書監。二子粹、苞。粹，晉武威太守。二子：詵、晅。詵，太常卿，避地涼州，及苻堅克河西，復還解縣，生劭，劭生和，和生鍾，鍾生景惠。

景惠，後魏會州別駕。		韜。	融，後周司木大夫。	孝瑜，儀同大將軍。	該。		奐，戶部員外郎。				
								恂，赤丞。			
					褘。						

爽。	寂字眞玄，相高祖。		
	律師，駙馬都尉、河東公。		法師，將軍、聞喜公。
	承光，檢校左羽林軍將軍、鄖國公。	承祿，右清道率、河東公。	
		景僊，武彊公。	

他字元化，後魏中軍將軍、荊州刺史。				
讓之字士禮，齊中書舍人。			訥之字士言，北齊中書舍人，居聞喜。	
			揆。	
淨。	綸，太子舍人。			
	傑。	式微，大理司直。		子儀，瀛州刺史。

			謁之字士通。敬，齊壺關令。
世矩字弘大，相高祖。			
宣機，禮部侍郎。	奉高。	善昌，河州刺史。	
	延慶，商州刺史、聞喜公。		瑀，費州刺史。

洗馬裴出自粹子暅。暅生慬，自河西歸桑梓，居解縣洗馬川，號洗馬裴，仕前秦大鴻臚。二子：天恩、天壽。

天恩，後魏武都太守。	安祖，安邑令。	思濟。	宗賢。	錯。	同。						
					機。	奉禮。	享，駕部郎中。				
						恆，左拾遺。					
						談，相中宗。	元明，睦州刺史。	光裔。	旻，左金吾大將軍。		
									晟，和州刺史。	康時，昭應令。	恰，滁州刺史，生宣禮，司農卿。

晞，尚方監。

仙裔。

幼雋，猗氏令。

處晞。

慶升。

弘獻，刑部郎中、潁州刺史，初以蜀王府法曹參軍刪改律令。

邦基字祖思，大理正。

祖思。			祖愛。	
仲初。			義同，鴻臚卿。	
昶。			仁素。	
			大同，洛交府折衝。	
		萬頃，冀州刺史。	炎字子隆，相中宗、武后。	
克巳，京掾。	克諧，都官員外郎。		懿，太子舍人。	彥先，太子中舍人。

天壽，後魏中書博士。			
智深。			
襲。			
叔攜。	道玄。	翼。	
善政，隋黎州刺史、黎國公。			旦，京掾。
文立，紀王府諮議參軍。	重晈，一名積慶，登州刺史。		伷先，工部尚書、翼城公。
元簡，尉氏尉。	胐，禮部郎中。	思益，起居舍人。	愿，左補闕。
曠，御史中丞。	愼從。		
鷗，容州長史。			

虬，諫議大夫。

復字茂璟，生蟾。

紹，河南少尹。

賓，吏部郎中。

望郎。

乾貞字訥，太子正字、夏州觀察判官。

敬夫，潼關防禦使、御史大夫。

蠢。

謠。

恭字肅夫，邕管經略使。

琰。

璋。

弘泰，義成邠寧鳳翔節度使、太子少傅、河東縣伯。

竦。

述。		英。	
		元。	彥，後周驃騎大將軍、吉陽郡公。
士衡。	士勳。		通，開府儀同三司、懷義郡公。
			弘策，隋將作大匠、黎溫公。
			行方字德備，茂州道行軍總管、清丘道行軍副總管、右衞將軍
季通，金部郎中、恆王傅。	延休，慈州刺史。		履昭，甘州刺史。
依訓，絳州刺史。			務。
			裔。
			莪，襄陽節度使。

檢校幽州都督，襲懷義平公。

薦，主客員外郎，

次元，福建觀察使兼御史中丞、京兆尹。三子：處道、處範、處權。處範生曦、字蘊微。處權字

				善文。
		敬忠。		元琰，都官員外郎。
		晉，梓州刺史。	觀，荊州按察使。	
	敷，成都少尹。		遂，一名從，京兆少尹。	
晦之，禮部郎中。生暐，字升蒙。				

兢。

操之。

弘泰，雍州錄事參軍。

思義，河東太守、晉城縣子。

歙珍，薛王騎曹參軍。

回字玉溫，任城尉。

大猷，監察御史。

聞韶，赤尉。

迪。

鷹。

通，同州刺史。

造。

達。

大方。

思敬，一名思明，蓬州刺史。

南來吳裴出自黎第二子苞。苞三子：軫、丕、彬。軫生嗣，嗣西涼武都太守。三子：邕、顗、策。邕度江居襄陽，生順宗。順宗三子：叔寶、叔業、令寶。叔業，齊南兗州刺史，初歸北，號南來吳裴，事後魏，豫州刺史、蘭陵郡公，謚忠武。子蒨之、芬之、簡之、英之、藹之。

蒨之字文譚，輔國將測字伯源、
聽、北齊隋軍、襲蘭陵後周常侍、
王左常侍、敬公。

同節，殿中侍御史。

光復，虔州刺史、

簡之，後魏岐州刺史。						
景，富平令。						
正，隋散騎常侍。						
眘字歸厚，南鄭、鄮令。						
九思，歷陽丞。						
仲卿。	季卿，湖州司士參軍。	叔卿，濟州司馬。				
浮，永平尉、大理正。	淑，汝州參軍。	洧，揚府參軍。	潤，明法。	淨，明法。	演，明經。	江，明經。
集。						

守眞字方忠，邠、寧二州刺史。				
子餘，給事中，諡孝。		巨卿，衞尉少卿。		
泳，奉禮郎。	潁，左清道率府兵曹參軍。	沐，河南府參軍。	涑，臨安令。	

		燿卿字渙之，相玄宗。				
樞，司勳員外郎。		遂，太子司議郎。	泛，梁州都督。			浤，祕書少監。
惲字知止。	袞字補臣。		晛。	收。	彪。	

綜，吏部郎中。					
佶字弘正，國子祭酒。			琬，侍御史。		武，太府卿。
泰章字敦藻，給事中。	含章字積中。	耕字德賓。	茂章字子光。	鈛字鼎俊。	
孝項。					
磵字沂山。					

				幼卿，洛陽尉。	僑卿，起居郎。	
皐，給事中。			延，通事舍人。	士安，太府卿。	佐。	佑。
湛，江西觀察使。				亮。		
德藩字商老。	德融字周耀。	德符字渭翁。				

							春卿，太子中允。
傳。	保。	信。	汧，尚舍直長。				淑，倉曹參軍。
			仲佐。	叔謩。	叔猷，均州刺史。	伯言，戶部員外郎。	
						行立，邕管經略使。	

							挺，內直丞。				
								常棣，杭州刺史。	臨 字 敦 吉。		
								常憲。			
								好古。			
								好問。			
						昱，鼓城令。	洽，左司禦兵曹參軍。				
							濟，明法。				
							液。				
							澈。				

歸仁，潞府司兵參軍。

知柔，夷州司馬。

襲治。

廣。

嗣。

守祚，下邽令。

令溫，豫、陝三州刺史。

房、導。

令寶二子：彥先、彥遠。彥遠生鑒，鑒生獻。

獻，隋扶州刺史、臨汾公。

義山。

爽。

知節，南和令。

倩。

士淹，禮部尚書、絳郡公。

登。

羅，隋魏郡丞。				
公緯，祠部郎中。	行本，相武后。			
瑾之，倉部郎中。				
濰、太子賓客、正平懿公。		士南。		
兗。			嬰閬州刺史。	通字文玄，檢校禮部尚書。

	公繹，邢州長史。						
琰之。	延昕，婺州刺史。	無悔，袁州長史。					
緬。		卓，岐州刺史。					
系，諫議大夫。		騰，戶部郎中。					
		涗，員外郎。	淙。	沖。	汶，湖州刺史。	渾。	濬。

	寬，禮部尚書。		昌，弘農太守。	坦，太平令。		
	謂字士明，東都副留守。		徹，戶部郎中。	興，工部員外郎。	霸，吏部員外郎。	清，祕書監。
戩。	弘儀。	涓。	滉。			叔潾。

歆，侍御史、大理正。滕，國子司業。澥，給事中。覽。

克，河南府司錄參軍。珏，杭州刺史。堅。

璩字挺秀，檢校司空。

瓚字公器，刑部尚書。垣字克構。

腆，戶部侍郎。涇。

						沼。					
						注。					
						渙。					
					佾，鳳州刺史。						
				恂，河內太守。	育，檢校員外郎。	澡，工部郎中。					
						溶。					
						濡。					
					漸。						
					脩。						
					靖，舒州刺史。						

晏。	京，汝州別駕。				
	胄字遐叔，檢校兵部尚書，謚成。				
	胤，容府經略推官。	溫，太子舍人。	漳，右衛錄事參軍。	湀，絳州參軍。	渙，弘文明經。

		公續。	挺之，洪州都督。
允。		肅，右領軍將軍。	
玭。	龍虔，相州刺史。		守義，左補闕。

中眷裴氏出自嗣中子奣，晉太尉宋公版諮議參軍、幷州別駕，號中眷。三子：萬虎、雙虎、三虎。

萬虎。	保歡。	良字元賓，後魏太府中大夫。	子通，隋太卿，諡貞。			敬彝，吏部侍郎。	錫，司勳員外郎。		
			叔祉，北齊太府卿。	子闡。			元質，尚書右丞。		杞。

大醜。					
慶孫，後魏太中大夫。					
子瑩，太尉司參軍。					
受。					
宣明，華州刺史，謚簡。					
景鸞，華州刺史。				景鴻，北齊和夷郡守。	
文端，北齊行臺郎。				叔卿，貝丘令。	
願。	安。	弘。	振。	神舉，和州刺史。	神符。
					紹宗。
					旭，和州刺史，生光進，堯臣，禹臣，延齡，戶

部侍郎，生操。

茂宗，禮部尚書。

眺，金部郎中，孫嘉壽。

雙虎，後魏河東郡太守。

秀業，天水郡太守。

遂，正平郡太守、澄城縣子。

文擧字道裕，後周青州刺史。

胄，大都督。

神，安邑通守。

知禮，同州刺史。

思本。

思哲。

思恭。

知古，太常令。

		璣。				大咸，石州刺史、	允初，太子賓客。	藏之，道州刺史。	常。		
								則之。			
	惠秀。	嵩壽，梁兵部尚書。	伯鳳，後周光汾二州刺史、琅邪郡公。	定高，襲琅邪郡公、馮翊郡公。	仁基字德本，隋光祿大夫、忠公。	行儼。	貞隱，邵南府果毅。	參玄，鄧州刺史。	植，祠部郎中。		
								義玄。			
								悟玄，赤丞。			
								延休。			
								慶遠。			
				德超，寧州刺史。	思簡。	休貞，定州刺史。					

思諒，靈武大總管、河東郡公。				
肅，親衛參軍。				行儉㈢，襄武道大總管、聞喜憲公。
	孜察，漢州刺史。			光庭字連城，相玄宗。
	敫。	繁。	微。	稹，司勳員外郎，襲正平縣子。
				倩字容卿，度支郎中、正平縣男，謚節。
				均字君齊，左僕射平章事、郇公。
				鉷，鳳翔府參軍、河東縣男。

				儆字九思，左金吾將軍，諡成。	
				堅，殿中丞。	墐字封叔，吉州長史。
鍔，江陵尉。	鋗。	鐈。	鎬。		銑。

三虎，後魏義陽太守。					
文德。					
軌。					
瑾。					
景叔，青州刺史。					
	侑，榆次尉。	倚，殿中侍御史。			
				塤，戶部郎中。	墉字靖之，祕書監。
			鍠字振德。	鐇。	

						嵩仁。
子瑜。	景深。					
	著。					耀之，高陽太守。
	世清，江州刺史。					知道，武陵令。
	嘉陵，齊州司馬。					義弘，中書舍人、玄武公。
喻，朗州刺史。		思訓，巴州刺史。				惓字翁喜，杭州刺史、河東縣男。
		皎然。			脩然。	遵裕。
		周南，監察御史。	邵南。	士南。	國南。	單。

		遵慶字少良，相代宗。	遵業。	
	向字傃仁，吏部尚書。	會，都官郎中。	彭。	宜。
	寅字子敬，御史大夫。		禮，韶州刺史。	
樞字化聖，相昭宗。	格。			

桃弓。

夙字買興，後魏河北太守。

鑒，司徒右長史。

澤，北齊黃門侍郎。

祥。

方產，右司郎中。

咸，太子諭德。

苞第三子丕。丕孫定宗。定宗，涼州刺史。生訛，後魏冠軍將軍。生遼，太原太守、散騎常侍。生纂，纂正平太守、鄜西公。四子：舒、嗣、秀、詢。舒，後周車騎將軍、元氏公。生昂。生玄運，濮州刺史。生季友，司門郎中、太子僕。生武，武曾孫訢。

訢，赤尉。

揔，太常博士、太子舍人。

世節，隋營州司馬、永福公。

玄本，梁州都督，襲永福公。

知久，宜芳令。					
安期，汾州司馬。					
後己，濟源令。					
郁，太常卿、河東縣公。	邵，少府監丞。	鄖，涪州刺史。	鄏，兗州別駕。	郜，汾州別駕。	
				乂，福建觀察使。	
				誨。	警。

					稷，虔州刺史。
謨。	坦字知進，相僖宗。				儲，大理丞。
顗字敦士。	質字殷敬。	勛字思弘。	睬字延賓。	購字昌言。	贊字敬臣，相昭宗。
					羽字用化，壽安尉。

		循己，左衞大將軍。		
		鄖，澤州刺史。	郕，嶺南節度判官。	鄷，江州刺史。
墠字右郊，越州觀察判官。				溫伯，澤州刺史。
	及。			
				岫，宜春尉。

				知言。	
				琬，登州刺史。	瑒。
	脩己，左贊善大夫。		遠，梁主簿。		
郢，河陽令。	鄖，衢州刺史。	郇，宣州長史。			

東眷裴出自茂第三子輯，號東眷。生潁，潁司隸校尉。生武，字文應，晉大將軍、玄菟太守，永嘉末，避地平州。二子：開、湛。開字景舒，仕慕容氏，太常卿、祭酒。三子：原、成、範。範字仁則，河南太守。四子：韜、沖、湛、綏。沖字太寧，後秦幷州刺史、夷陵子。五子：道子、道護、道大、道會、道賜。道子字復泰，本州別駕，從劉裕入關，事魏，南梁州刺史、義昌順伯。三子：德歡、恩立、輔立。德歡一名度，豫、鄭、廣、坊四州刺史，謚曰康。二子：澄、禮。

澄字靜慮，後魏汾州刺史。			
景漢字仲霽，後周車騎大將軍。			
鏡民，隋兵曹郎。			
熙載，兵部尚書。			
居道相武后。			
望麟臺郎。	彙。	潤。	融，右驍衛將軍。
			泰，安南都護。

		文度，隋絳州留守，知蒲、虞、絳、秦十六州兵馬事。			
熙勣，洛州長史。		瞿曇，舒州刺史。			
居業。	中庸。	居素。			
		惲。			
	恂，京掾。	孝禮，京掾。		孝智，都官郎中。	
		洽。	汲。	通，壽州刺史。	造。

					居默，太谷令。
	敦柔，聞喜令。				恪，亳州刺史。
		敬休，文水令。			千鈞，丹州刺史。
					政柔，左金吾將軍。
建，新安令。				嶠，虞部員外郎。	炫，隰川令。
			滔，聞喜令。	浩，麟游令。	

						大方，司列員外郎。
						居晊。
銳，絳州刺史。	弘慶，屯田郎中。	弘本，鄂州知院。	魯顧，宿州刺史。	魯賓。	玘。	

居士，太子少詹事。				
虛巳，光祿卿、駙馬都尉。	虛舟，左贊善大夫。	璆。	珧。	玲，太僕卿、駙馬都尉。
	元乘。	徽，殿中丞、駙馬都尉。		倣，太常卿、駙馬都尉。
		液，道州刺史、駙馬都尉。		

					尼字景尼，後周御正大夫。		
					之隱，梓州長史、會稽縣男。	師民，後周記室參軍。	之爽。
				正覺。			希仁，膳部郎中。
	居業。	居約。	居近。				
光叔，導江令。							
師貞。							

希惇字處實，齊州長史。				
思進，隋令。				
巽，國子祭酒、駙馬都尉、魏國公。				
齊參，贊善大夫。	齊閔，國子司業。			齊游，祕書少監。
	顏，衛尉卿、駙馬都尉。	頎，太原令。	頲。	大亮，兼御史中丞。

		孚。	臨，祕書郎。	隨。	鼎，左衞將軍。
齊丘，祕書監、駙馬都尉。	齊嬰，陳頊王府長史。			冀，右金吾將軍。	友悌，郴州刺史。

					希莊，陳州刺史。
思約，威遠令。	思禮，穀熟令。	思政。	醫王，太子僕。	思溫，洛州司功參軍。	抗，京掾。
					宣。
					肅字中明，浙東觀察使。
					儔字夾之，江西觀察使。
					延翰字伯甫，藍田尉、集賢校理。

	休字公美，相宣宗。			俅字冠儀，諫議大夫。
延魯字東禮，浙東觀察使。	弘字裕志。		戓字藏器。	渥。
	瑀字夷玉。	珣字德潤。	瑑。	

			巨源。	稚珪，戶部郎中。
	撝，寧州刺史。	撙，職方郎中。	思慎，職方郎中。	
澈字深源，相僖宗。				

道護二子：次愛、祖念。祖念生弘陁，後魏聞喜公。生鴻琳，易郡太守。生客兒。

客兒，後魏長平郡丞。				
文行，右艾丞。	文政。			文藝，後魏伊、河二州刺史。
玄度，絳丞。	玄珪，莊州都督。	令慈。		思賢，青州刺史。
翔，朝城令。	獻之。	守一，河州刺史。		
浩。		偃。	淑，永州刺史。	
佐，杭州司田參軍。				

			鴻智，襄州長史、高邑縣侯。	
			師道。	
遵，齊州刺史。	思業。		懷節，洛州刺史，諡定。	
果字茂昭，後周眉復二州刺史、冠軍質公。	譒。	昭，太府少卿。	浩，太僕少卿。	
孝仁，建、譙、亳三州刺史。		曜，右金吾將軍、平陽貞公。	貞，亳州刺史。	
		兢，大理司直。		悟，長樂太守。

							懷儉，監察御史。
						皎，太廟令。	
	綱，蔡州刺史。					之慶，綏州刺史。	
怦，洛交太守。	璩，河南少尹。			歡，赤尉。	相，京掾。		
希先，溫州刺史。	澄，蘇州刺史。	濟。	涇，泉州刺史。				昱，高陵令。
							增。

		埛，大理少卿。		衡字無私。	垍字弘中，相憲宗。
思猷字獻臣，工部尚書。	惠迪。	含章。			鍠。
			曄。		

思謙字自牧，左散騎常侍兼大理卿。

紹光字安卑。

紹昌，殿中侍御史。

慎辭。

思。

洗，大理寺丞。

濯，臨汾尉。

	師武。				
懷眼，忠州刺史。	懷肅。				
	愻，吉州刺史。				
		登。			
		堪。	瑀，壽州刺史。		
		紳字子佩。			
		庭裕字膺餘。		湘，絳州司法參軍。	涚，太原府參軍。
		懿字莊已。			

師義。						
懷感，澧州刺史。						
陟，滑州司馬。						
紀，長安丞。						
冕字章甫，相代宗。	正，河中少尹。				昪，太僕卿。	
	殷。	彀。	某，朗州刺史。		篌，贊善大夫。	儉，劍州刺史。
			希顏，邕府巡官。	覺。		

							綰。		
			嬰。				憲。		
素。	廣。	均。	匠，慈州刺史。	匯。	匪。	匣。	區。	莅，國子司業。	奭。
									格字文明。

					欣敬。		
		成。	珍。	泰，京掾。	魯師。		
積。					知機。		
洄。	昕，兼御史中丞。	峴。	平。		鉉。	寘。	
偃。					夏。	有鄰，濮陽令。	
					政，行軍司馬。	漵，澠池丞。	
					克諒。	度字中立，相憲、穆、敬、文。	
						譔字宜業，翰林學士、工部侍郎。	詡。
							造。

諗，權知刑部侍郎。

沼字化龍。

調。

識字通理，檢校右僕射、晉昭公。

佋，監察御史。

誠。

迥，司封員外郎。

純懿，掌書記。

光鼎字德原。

讓。

禹昌字聖規。

裴氏定著五房：一曰西眷裴，二曰洗馬裴，三曰南來吳裴，四曰中眷裴，五曰東眷裴。宰相十七人。西眷有寂、矩；洗馬有談、炎；南來吳有耀卿、行本、坦；中眷有光庭、遵慶、樞、贄〔四〕；東眷有居道、休、澈、垍、冕、度。

劉氏出自祁姓。帝堯陶唐氏子孫生子有文在手曰「劉累」，因以爲名。能擾龍，事夏爲御龍氏，在商爲豕韋氏，在周封爲杜伯，亦稱唐杜氏。至宣王，滅其國。其子隰叔奔晉爲士師，生士蔿。蔿生成伯缺，缺生士會。會適秦，歸晉，有子留於秦，自爲劉氏。生明，明生遠，遠生陽，十世孫，戰國時獲於魏，遂爲魏大夫。秦滅魏，徙大梁，生清，徙居沛。生仁，號豐公。生煓，字執嘉。生四子：伯、仲、邦、交。邦，漢高祖也。高祖七世孫宣帝，生楚孝王囂，囂生思王衍，衍生紆，紆生居巢侯般，字伯興。般生愷，字伯豫，太尉、司空。生茂，字叔盛，司空、太中大夫，徙居叢亭里。愷六世孫訥，晉司隸校尉。孫憲生羨。羨二子：敏、該。

敏從子僧利。

					敏。
					慶，後魏東徐州刺史，謚曰簡。
					軫，北齊高平太守。
					通字子將，隋毗陵郡通守。
					德威字尚重，刑部尚書。
崇業。					審禮，工部尚書、彭城公。
朏，汴州刺史。			易從，漢州長史。	侍庶。	侄壽，太常丞。
		晸、給事中。	昇，中書舍人。		
	顒，殿中侍御史。	顥。			
	識。				

延景，陝州刺史。					
溫玉，許州刺史。	承顏，宗正卿。	瑗，國子祭酒。			
寡悔，齊州刺史。		爲輔。			爲鱗。
		商，檢校虞部郎中。		寰。	
			仁師字行輿，司勳郎中。		

						琪，左衛將軍。	爲翼。
							爲範。
				德敏，梁州都督。	崇術，隋州刺史。		
					悅，鳳州刺史。		
				德智，滁州刺史。	延嗣，汾州刺史。		
					崇直，嘉州刺史。	體微，諫議大夫、衞尉卿。	
					守約。	昌源，秦州都督。	

		軌。	僧利，後魏羽林監。		
			世明，字伯楚，南兗州刺史。		
		權，隋衛尉卿。	偉，字世英，北齊睢州刺史。		
		澈。	瑗。		
	守悌，刑部侍郎。		胤之，楚州刺史。		行之。
宅相，吏部郎中。					延祐，安南都護。
			欣時，侍御史。	叔時，殿中侍御史。	含章。
					猛。

		珉，北齊睢陽太守。			
		務本，隋留縣長。			
延慶。		藏器，比部員外郎。			
賁，太平尉。	居簡，太原尹。	知柔，工部尚書、彭城侯。			
液，管城令。	深。	繹，金部郎中。	緝，巴陵太守。	緋，和州刺史。	繪，延州刺史。
汴。					

	知章。	子玄，中書舍人、居巢文公。			
縉，桂府都督。		晛，起居郎。			餗，河南功曹參軍。
		浹。	滋，相德宗。		贊。
		敦質。	約。	緒。	從周，左補闕。

彙，尚書右丞。				秩，國子祭酒。		迅，左補闕。
贊字公佐，宣歙觀察使、彭城縣男。				贊。	製。	
茂孫。	勝孫。	憲孫。	懿孫。			

									迥，給事中。

京兆武功劉氏，本出彭城，後周有石州刺史懿。

懿。	昭，隋上儀同三司。	文靜字肇仁，相高祖。	樹藝。						
			樹義，襲魯國公。						
		文起，通直散騎常侍。							

彭城劉氏又有劉升。

升。	景字司光，鄜坊從事。	瞻字幾之，相懿宗。	涀字鑒源。						

陟。

延賞，渭南尉、右拾遺。

尉氏劉氏出自漢章帝子河間孝王開，世居樂城，十世孫通徙居尉氏。

通，後魏建武將軍、南陽太守、樂城侯。

能，北齊冠軍將軍。

熾，淮陽王參軍。

子威。

仁軌字正則，相高宗。

滔。

濬，工部員外郎。

晃，太常卿，襲樂城公。

子藩，河東節度掌書記、虞部員外郎。

熠，雅州刺史。

瑑字子全，相宣宗。

			仁相。
	昂，京兆少尹。		
	子之。		
	元鼎，慈州刺史。	公輿，祠部員外郎。	
	思字秀挺。		
項字昭愿。			

臨淮劉氏出自漢世祖光武皇帝子廣陵思王荆。子俞鄉元侯平，平生彪，襲封，事繼母以孝聞，世號仁義侯。生玄，玄生熙，魏尚書郎。熙生逑，東平太守。逑生建，晉永城令，世居臨淮。建生會，歷琅邪內史，從元帝度江，居丹楊。曾孫彥英，宋給事中、通直散騎常侍。二子：隱人、逸人。梁末又徙晉陵。隱人五世孫子翼。

子翼字小心，著作郎、弘文館學士。	
懿之，給事中。	禕之，相武后。
	揚名。

南陽劉氏出自長沙定王。生安衆康侯丹，襲封三世，徙沮陽。裔孫廙字恭嗣，魏侍中、關內侯，無子，以弟子阜嗣。阜字伯陵，陳留太守。生喬，字仲彥，晉太傅軍諮祭酒。生挺，潁川太守。二子：簡、耽。耽字敬道，爲尚書令。生柳，字叔惠，徐、兗、江三州刺史，又徙江陵。曾孫虬。

虬字靈預，宋當陽令，文藝先生。	
之遴字思貞，梁都官尚書。	
	洎字思道，相太宗。
	廣宗，都官郎中。

弘業。

敦行，屯田員外郎。

眺。

廣平劉氏出自漢景帝子趙敬肅王彭祖。彭祖生陰城思侯蒼，蒼薨，嗣子有罪不得立，遂居廣平肥鄉。蒼十一世孫邵，字孔才，魏散騎常侍。十一世孫藻。

藻。

矜，兗州刺史。

林甫，中書侍郎、樂平男。

祥道，相高宗。

齊賢，更名景先，相高宗。

慶道，祠部郎中。

廣禮。

應道，吏部郎中。	武幹，會寧五州留守，襲金鄉公。		
令植，禮部尚書。	元昜，括州刺史。		
孺之，京兆少尹。	如璠，朐山丞。		
從一，相德宗。	廼字永夷，兵部侍郎、貞惠公。		
	伯偁字素芝，刑部侍郎。		
	寬夫字盛之，澤潞掌書記、祕書省校書郎。		
	允章字韞中。	煥章字文中。	玄章字求中。
	濟明字外朗。		

端夫，吏部員外郎。	
	嚴夫字子耕。

丹楊劉氏，世居句容。

三復，刑部侍郎。	鄴字漢藩，相懿宗、僖宗。	希字至顏。
		覃字致君，校書郎。

曹州南華劉氏出自漢楚元王交之後，自彭城避地徙南華，築堌以居，世號「劉堌」。隋有東萊令劉晉字進之。三子：郁、多讓、多退。

郁字蔚卿，弘文館學士。
懷器字汨藏。
知仁字仲安，新鄭令。
十兒，五經及第。

恭字伯寅，新井令。
知晦字仲昌，武功丞。
昱字士明，大理司直。
傳經字仲習，殿中侍御史。
譜字伯圖，睦州士曹參軍。
鼎字仲實。
顏，新安令。

徽郎。

巽字中正。

咸。

革。

解。

				遲字士昭，杭州刺史。
	專經字仲審一。純，侍御史、徐州觀察判官。	繕經字仲莊，幽州功曹參軍。	深經字仲淵，幽州功曹參軍。	談經字辨之，大理評事。
				濛字潤之，大理卿。
益。				墀，河中少尹。

				埴字秉中，兵部、吏部郎中。
	技字士能，檢校戶部員外郎。	拱。	頲，著作郎。	顗。
文濟字霸源，吏部郎中。	文滔，泉州觀察推官。			

				圻字唐叟，宣武節度判官。
	徽字休祥，藍田尉、直史館。	武庫。	撰，長水尉。	首孫，江陽令。
文澤，武連令。				

							弄璋。				
						垣。					
					渙字濟川，芮城尉。						
					翃字子嘽，陳留令。						
					美，大理評事。						
					汪。	壇。					
				通經字仲達，奉天尉。							
				全經字仲博，清河尉。	貴字寶卿，王屋尉。	垍。					

			瞻經字仲豐。	遵經字仲常，太常寺太祝。	志經字仲修，雅州刺史。	
				天養。	灌字禮先，華州司馬。	
弘夫。	鵬夫。	顏夫。			紀，大理評事。	寔，西河令。

詳，金州防禦判官。				從方，朗山令。	紘，商南令。	縕，渠江令。
紹。	董。	阿尹，渠江令。	阿更。			三象。

					晏字士安，相肅宗、代宗。
					執經字長儒，吏部郎中。
		洙字敦先，好時尉。	潼字子固，河東節度使。	隉。	璨字景光，大理評事、嶺南節度判官。
縉。	頻。	庚子。	紓。		審己，華州文學。

讜字直哉。	瑀字景彥，盧氏 溫，澤州尉。 刺史。	瑫字景潤，楚州參軍。	琢字景坤。 眞。	垌，松陽令。

和字時中，汝州司士參軍。	珂字景儀，夏尉。		
	諧字坦然，普安令。	詠，澤州錄事參軍。	韶，新寧令。

宗經字仲儒，國子祭酒。				
倚字正卿，監察御史。	文簡，洛陽丞。	侃，虢州長史、左贊善大夫。		
權，平輿令。		好古字車子。 彥純，宋州司士參軍。		好問字彥博，無錫丞。
			季隨。	

					懷策字伯謀。
					知至字惟幾。
					去澄。
	伉，藍田令。			儼，龍丘令。	
好學字彥深，蘇州功曹參軍。	挺，澱水令。	軒，河南尉。	輜。	承嗣。	

		多讓字肅之。							
		知滿字子沖。							
知運字惟鑾。	知遠字惟深。	緒福。			神慶。	神務。	犨。		瓌。
寶，南充丞。		欽太。	欽瑜。	欽惠。		光輔。	光嶷。	逸愷。	

		贊。	璀。								
多退字敬之。	懷亮字子信。										
	懷璧字子溫。	景珍。									
	懷安字子寧。										

劉氏定著七房：一曰彭城，二曰尉氏，三曰臨淮，四曰南陽，五曰廣平，六曰丹楊，七曰南華。宰相十二人。彭城房有滋、文靜、瞻；尉氏房有仁軌、琢；臨淮房有禕之；南陽房有洎；廣平房有祥道、景先、從一；丹楊房有鄴；南華房有晏。

河南劉氏本出匈奴之族。漢高祖以宗女妻冒頓，其俗貴者皆從母姓，因改爲劉氏。左賢王去卑裔孫庫仁，字沒根，後魏南部大人、淩江將軍。弟眷，生羅辰，定州刺史、永安敬公。其後又居遼東襄平，徙河南。羅辰五世孫環儁，字仲賢，北齊中書侍郎、秀容懿公。弟仕儁。

仕儁。		
坦字寬夫，隋大理卿、昌國縣伯。		
政會，邢襄公。		
玄意字深之，汝州刺史、駙馬都尉。		
奇，天官侍郎。		
愼知，獲嘉令。		
駿，東阿令。		
藻字茂實，祕書郎。		
符字端期，蔡州刺史。		
崇龜字子長，淸海節度使。	崇彝字子憲，都官郎中。	崇望字希徒，相昭宗。
垂字昭覬。		

崇魯字郊文，水部員外郎、知制誥。	崇謩字成禹，太常少卿、弘文館直學士。	珪字寶臣，洪洞令。	瓌。
		岳字昭輔。	

玗。

超，河南少尹。

全誠。

徽字可方平。

大，吳郡太守、江南採訪使。

同，萬年令。

循，金吾將軍。

玄象，主客郎中。

玄育，易州刺史。	

河南劉氏，宰相一人。崇望。

校勘記

〔一〕大業生女華女華生大費大費生皋陶皋陶生伯益　此與宗室世系表及史記秦本紀不合，參見本書卷七〇上宗室世系表校勘記〔一〕。

〔二〕茂長子徽　按上文云「（茂）三子：潛、徽、輯」。又晉書卷三五裴秀傳載：「祖茂，漢尚書令。父潛，魏尚書令。……叔父徽有盛行。」是徽非長子，此疑誤。

〔三〕行儉　按舊書卷八四及本書卷一〇八裴行儉傳、文苑英華卷八八四張九齡裴光庭神道碑、卷九七二獨孤及裴稹行狀及全唐文卷二二八張說贈太尉裴公神道碑，行儉乃仁基之子，貞隱爲行儉長子，延休、慶遠乃貞隱弟，疑此處幷誤。

〔四〕南來吳有耀卿行本坦中眘有光庭遵慶樞贇　按上文，唐僖宗朝宰相坦系出中眘，非出南來吳，南來吳之裴坦，官太平令，未嘗任宰相。此疑誤。